Impressum
Verlag: BABADADA GmbH, Nedderfeld 112 , 22529 Hamburg
Geschäftsführer / Verlagsleitung: Harald Hof
Druck: Books on Demand GmbH, In de Tarpen 42, 22848 Norderstedt

Imprint
Publisher: BABADADA GmbH, Nedderfeld 112 , 22529 Hamburg, Germany
Managing Director / Publishing direction: Harald Hof
Print: Books on Demand GmbH, In de Tarpen 42, 22848 Norderstedt, Germany

Schule

школа

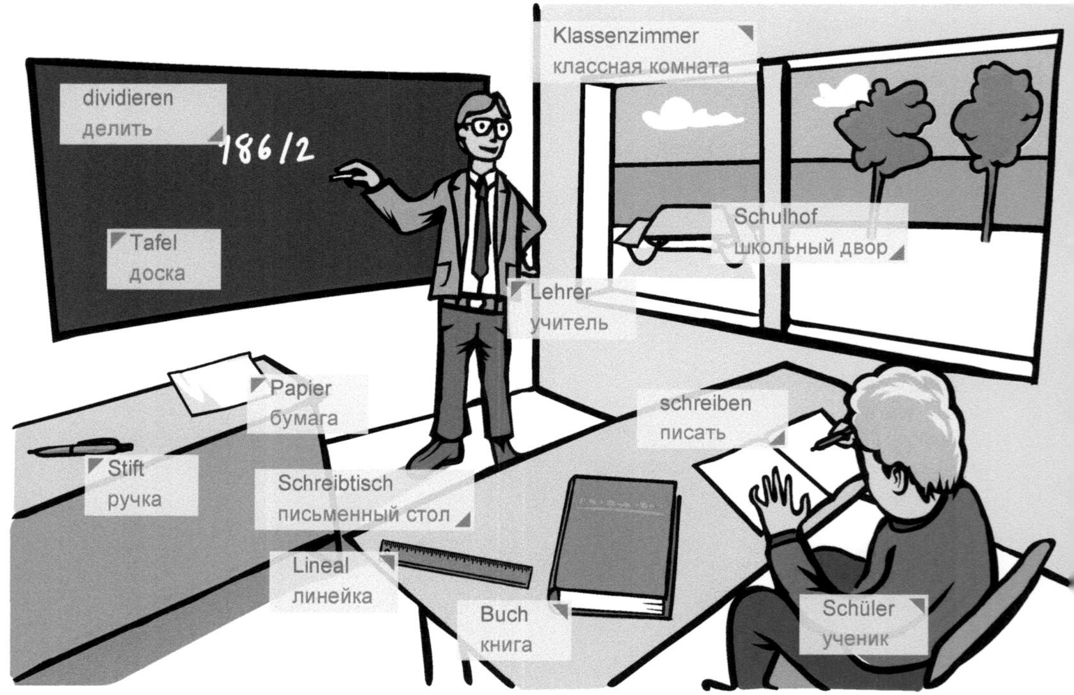

Klassenzimmer
классная комната

dividieren
делить

186/2

Tafel
доска

Schulhof
школьный двор

Lehrer
учитель

Papier
бумага

schreiben
писать

Stift
ручка

Schreibtisch
письменный стол

Lineal
линейка

Buch
книга

Schüler
ученик

Ranzen

ранец

Federmappe

пенал

Bleistift

карандаш

Bleistiftanspitzer

точилка

Radiergummi

ластик

Zeichenblock

альбом для рисования

Zeichnung

рисунок

Pinsel

кисточка

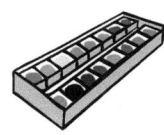

Malkasten

коробка красок

Schere

ножницы

Klebstoff

клей

Übungsheft

тетрадь

Hausaufgabe

домашняя работа

Zahl

цифра

addieren

прибавлять

subtrahieren

вычитать

multiplizieren

умножать

rechnen

считать

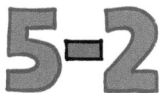

Buchstabe

буква

Alphabet

алфавит

Wort

слово

Text

текст

lesen

читать

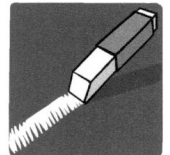

Kreide

мел

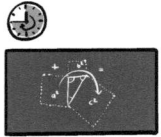

Stunde

урок

Klassenbuch

классный журнал

Prüfung

экзамен

Zeugnis

диплом

Schuluniform

школьная форма

Ausbildung

образование

Lexikon

энциклопедия

Universität

университет

Mikroskop

микроскоп

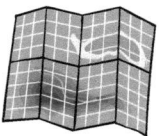

Karte

карта

Papierkorb

корзина для бумаг

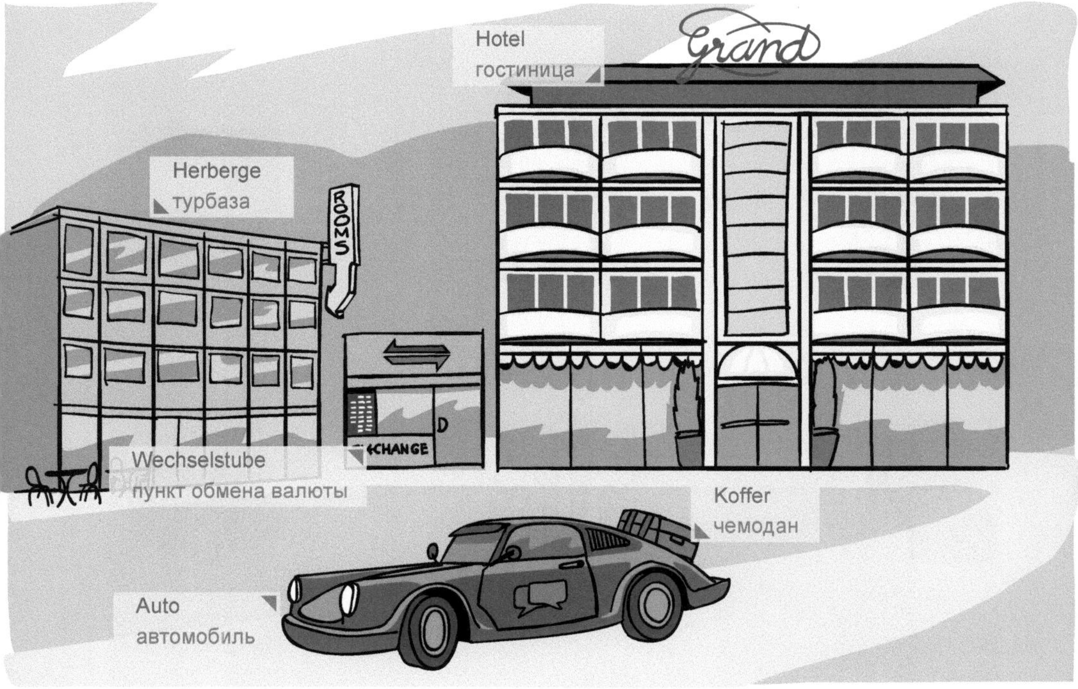

Hotel
гостиница
Grand
Herberge
турбаза
ROOMS
CHANGE
Wechselstube
пункт обмена валюты
Koffer
чемодан
Auto
автомобиль

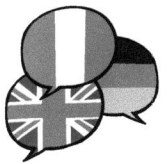

Sprache

язык

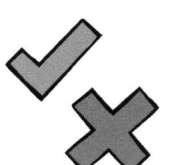

ja / nein

да / нет

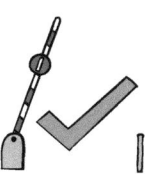

Okay

хорошо

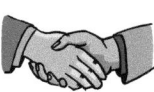

Hallo

Привет

Übersetzer

переводчик

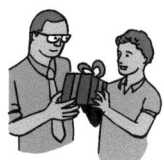

Danke

Спасибо

Was kostet...?

Сколько стоит...?

Ich verstehe nicht

Я не понимаю

Problem

проблема

Guten Abend!

Добрый вечер!

Guten Morgen!

Доброе утро!

Gute Nacht!

Доброй ночи!

Auf Wiedersehen

До свидания

Richtung

направление

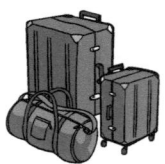

Gepäck

багаж

Tasche

сумка

Rucksack

рюкзак

Gast

гость

Zimmer

комната

Schlafsack

спальный мешок

Zelt

палатка

Touristeninformation

туристическая
информация

Strand

пляж

Kreditkarte

кредитная карточка

Frühstück

завтрак

Mittagessen

обед

Abendessen

ужин

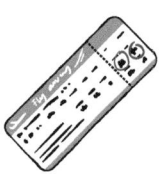

Fahrkarte

билет

Fahrstuhl

лифт

Briefmarke

почтовая марка

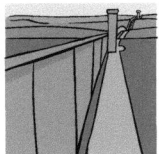

Grenze

граница

Zoll

таможня

Botschaft

посольство

Visum

виза

Pass

паспорт

Transport

транспорт

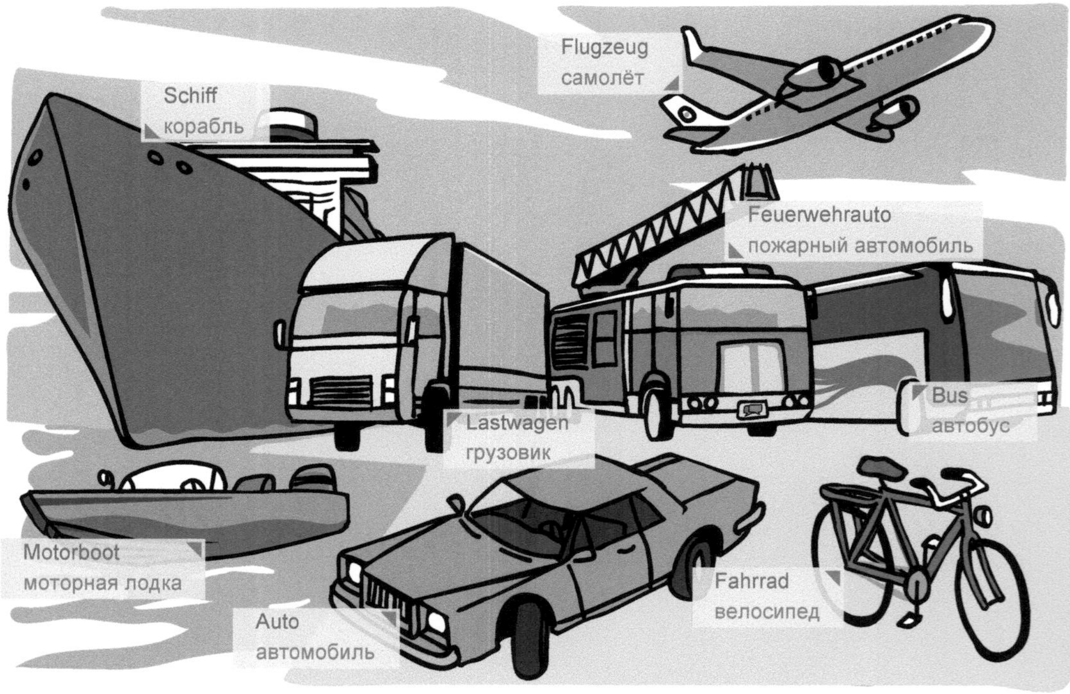

Flugzeug
самолёт
Schiff
корабль
Feuerwehrauto
пожарный автомобиль
Bus
автобус
Lastwagen
грузовик
Motorboot
моторная лодка
Fahrrad
велосипед
Auto
автомобиль

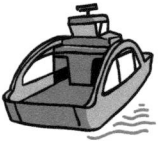

Fähre

паром

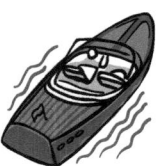

Boot

лодка

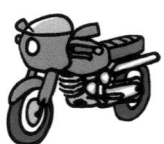

Motorrad

мотоцикл

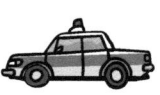

Polizeiauto

полицейский автомобиль

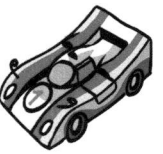

Rennauto

гоночный автомобиль

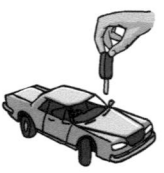

Mietwagen

арендованный автомобиль

Carsharing

совместное пользование
автомобилями

Abschleppwagen

буксировочный
автомобиль

Müllauto

мусоровоз

Motor

двигатель

Kraftstoff

топливо

Tankstelle

заправка

Verkehrsschild

дорожный знак

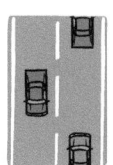

Verkehr

движение

Stau

пробка

Parkplatz

автостоянка

Bahnhof

вокзал

Schienen

рельсы

Zug

поезд

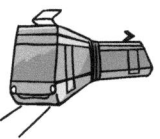

Straßenbahn

трамвай

Wagon

вагон

Transport - транспорт

Helikopter
вертолёт

Flughafen
аэропорт

Tower
вышка

Passagier
пассажир

Container
контейнер

Karton
коробка

Karren
тележка

Korb
корзина

starten / landen
взлетать / приземляться

Stadt

город

Dorf
деревня

Stadtzentrum
центр города

Haus
дом

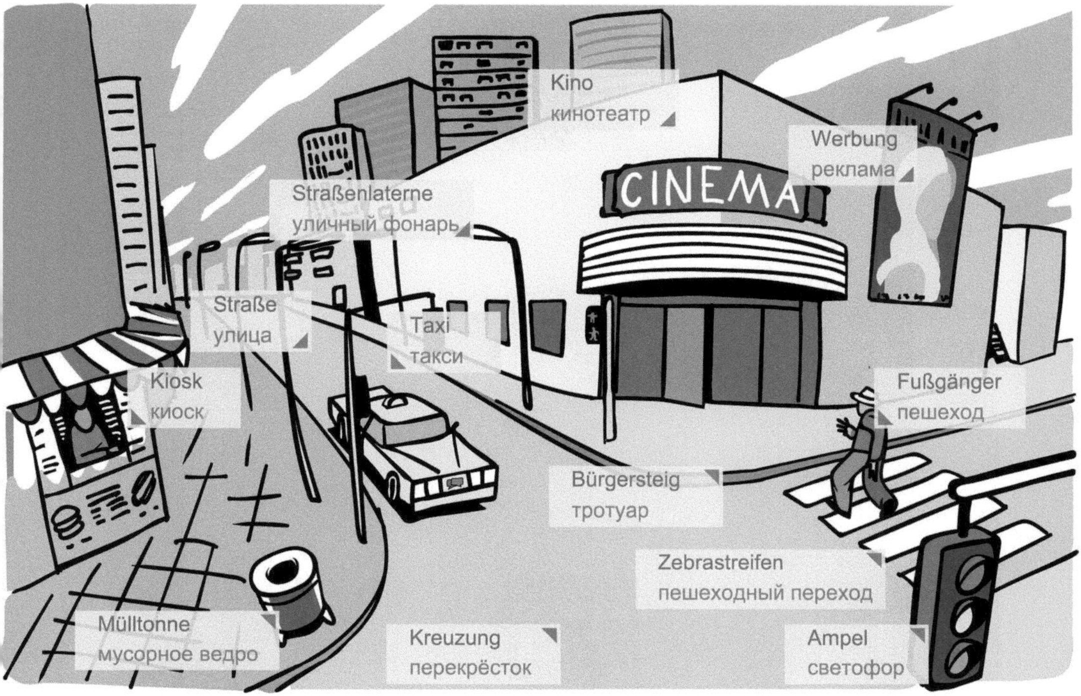

Kino
кинотеатр
CINEMA
Werbung
реклама
Straßenlaterne
уличный фонарь
Straße
улица
Taxi
такси
Kiosk
киоск
Fußgänger
пешеход
Bürgersteig
тротуар
Zebrastreifen
пешеходный переход
Mülltonne
мусорное ведро
Kreuzung
перекрёсток
Ampel
светофор

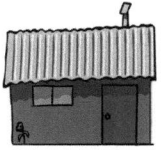

Hütte

хижина

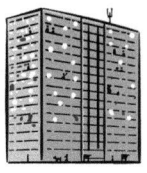

Wohnung

квартира

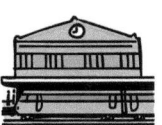

Bahnhof

вокзал

Rathaus

ратуша

MUSEUM

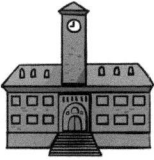

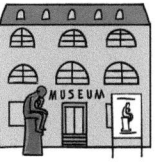

Museum

музей

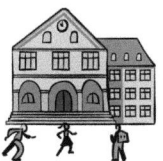

Schule

школа

Universität

университет

Bank

банк

Krankenhaus

больница

Hotel

гостиница

Apotheke

аптека

Büro

офис

Buchhandlung

книжный магазин

Geschäft

магазин

Blumenladen

цветочный магазин

Supermarkt

супермаркет

Markt

рынок

Kaufhaus

универмаг

Fischhändler

торговец рыбой

Einkaufszentrum

торговый центр

Hafen

порт

Park

парк

Bank

скамейка

Brücke

мост

Treppe

лестница

U-Bahn

метро

Tunnel

тоннель

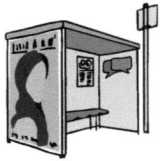

Bushaltestelle

автобусная остановка

Bar

бар

Restaurant

ресторан

Briefkasten

почтовый ящик

Straßenschild

табличка с названием
улицы

Parkuhr

паркометр

Zoo

зоопарк

Badeanstalt

бассейн

Moschee

мечеть

Bauernhof

ферма

Umweltverschmutzung

загрязнение окружающей среды

Friedhof

кладбище

Kirche

церковь

Spielplatz

детская площадка

Tempel

храм

Landschaft

ландшафт

Blatt
лист

Wegweiser
дорожный указатель

Weg
дорога

Wiese
луг

Stein
камень

Baum
дерево

Wanderer
путешественник

Fluss
река

Gras
трава

Blume
цветок

Tal

долина

Berg

гора

See

озеро

Wald

лес

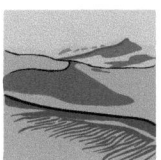

Wüste

пустыня

Vulkan

вулкан

Schloss

замок

Regenbogen

радуга

Pilz

гриб

Palme

пальма

Moskito

комар

Fliege

муха

Ameise

муравей

Biene

пчела

Spinne

паук

Käfer

жук

Frosch

лягушка

Eichhörnchen

белка

Igel

еж

Hase

заяц

Eule

сова

Vogel

птица

Schwan

лебедь

Wildschwein

кабан

Hirsch

олень

Elch

лось

Staudamm

плотина

Windrad

ветряной генератор

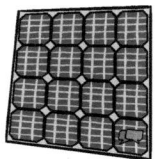

Solarmodul

солнечная батарея

Klima

климат

Landschaft - ландшафт

Restaurant

ресторан

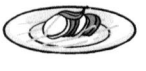

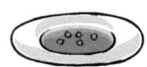

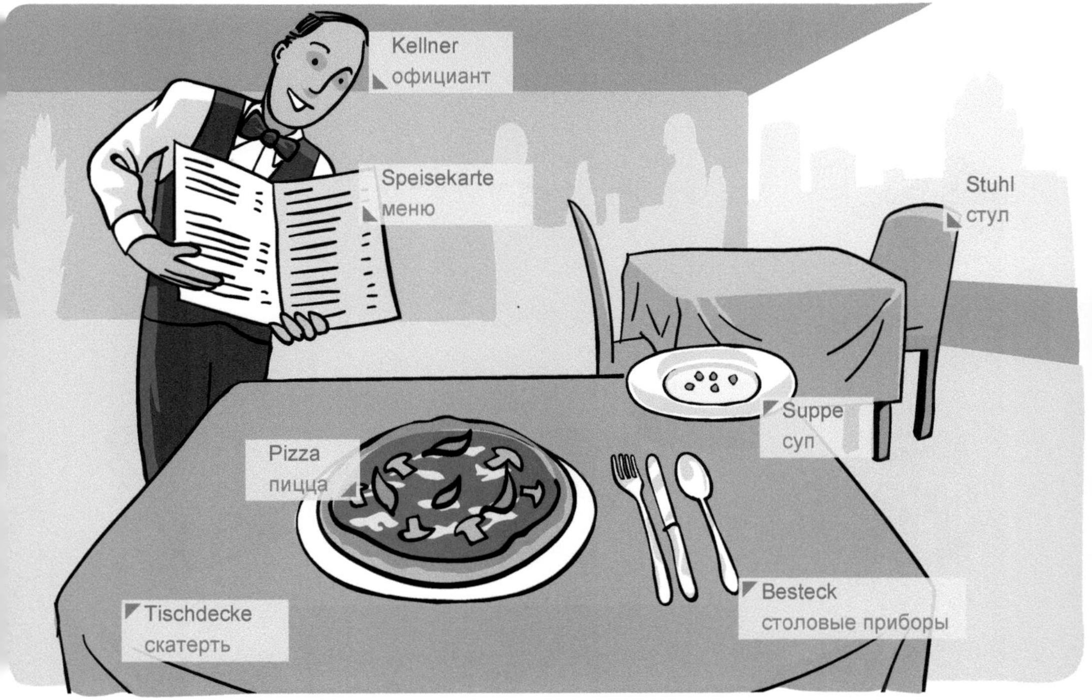
Kellner
официант
Speisekarte
меню
Stuhl
стул
Suppe
суп
Pizza
пицца
Besteck
столовые приборы
Tischdecke
скатерть

Vorspeise

закуска

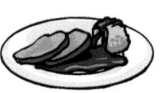

Hauptgericht

главное блюдо

Nachspeise

десерт

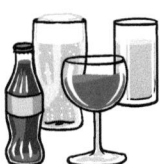

Getränke

напитки

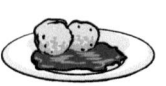

Essen

еда

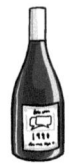

Flasche

бутылка

Fastfood

фастфуд

Streetfood

уличная еда

Teekanne

чайник

Zuckerdose

сахарница

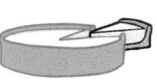

Portion

порция

Espressomaschine

кофеварка

Hochstuhl

детский стульчик

Rechnung

счет

Tablett

поднос

Messer

нож

Gabel

вилка

Löffel

ложка

Teelöffel

чайная ложка

Serviette

салфетка

Glas

стакан

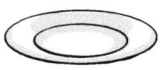

Teller

тарелка

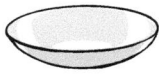

Suppenteller

суповая тарелка

Untertasse

блюдце

Sauce

соус

Salzstreuer

солонка

Pfeffermühle

мельница для перца

Essig

уксус

Öl

масло

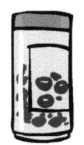

Gewürze

специи

Ketchup

кетчуп

Senf

горчица

Mayonnaise

майонез

Supermarkt
супермаркет

Angebot
специальное предложение
FOR
Kunde
покупатель
Milchprodukte
молочные продукты
Obst
фрукты
Einkaufswagen
тележка для покупок

BUTCHERS

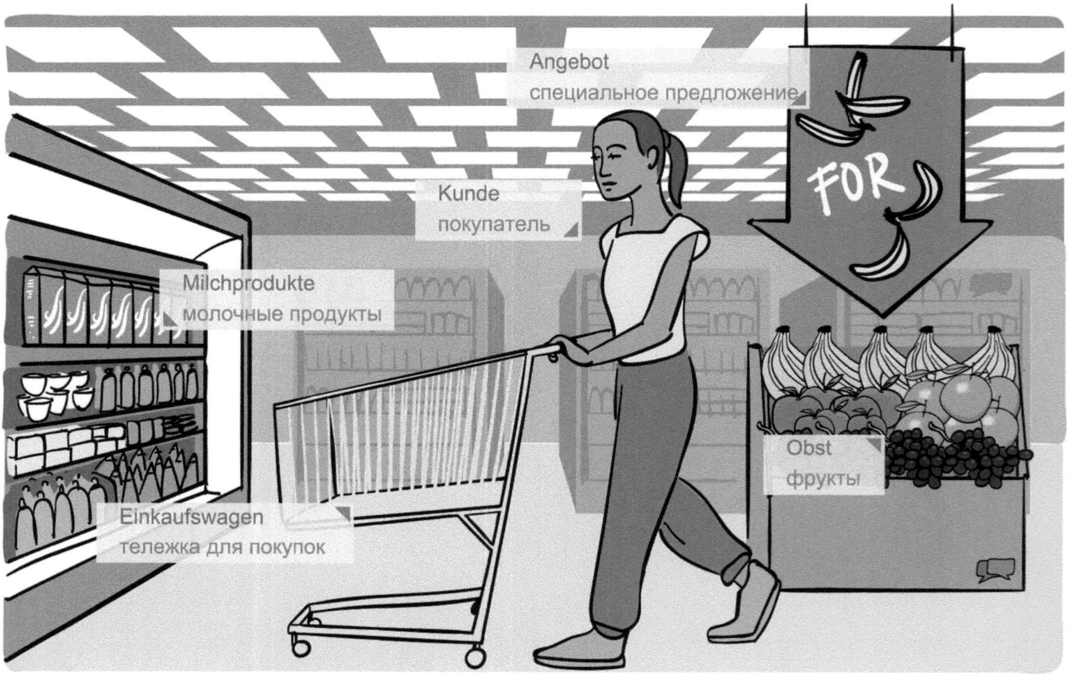

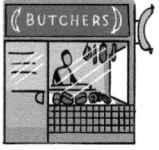

Schlachterei

мясной магазин

BAKERY

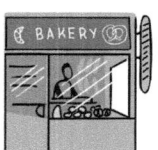

Bäckerei

пекарня

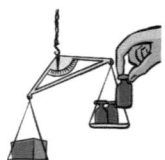

wiegen

взвешивать

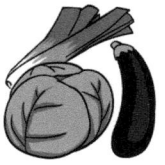

Gemüse

овощи

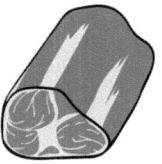

Fleisch

мясо

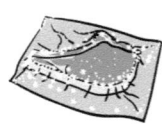

Tiefkühlkost

быстрозамороженные продукты

Aufschnitt

нарезка

Konserven

консервы

Waschmittel

стиральный порошок

Süßigkeiten

сладости

Haushaltsartikel

предмет домашнего обихода

Reinigungsmittel

моющее средство

Verkäuferin

продавщица

Kasse

касса

Kassierer

кассир

Einkaufsliste

список покупок

Öffnungszeiten

время работы

Brieftasche

бумажник

Kreditkarte

кредитная карточка

Tasche

сумка

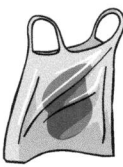

Plastiktüte

полиэтиленовый пакет

Supermarkt - супермаркет

Wasser

вода

Saft

сок

Milch

молоко

Cola

кока-кола

Wein

вино

Bier

пиво

Alkohol

алкоголь

Kakao

какао

Tee

чай

Kaffee

кофе

Espresso

эспрессо

Cappuccino

капучино

Banane

банан

Apfel

яблоко

Orange

апельсин

Melone

арбуз

Zitrone

лимон

Karotte

морковь

Knoblauch

чеснок

Bambus

бамбук

Zwiebel

лук

Pilz

гриб

Nüsse

орехи

Nudeln

лапша

Spaghetti

спагетти

Reis

рис

Salat

салат

Pommes frites

картофель фри

Bratkartoffeln

жареный картофель

Pizza

пицца

Hamburger

гамбургер

Sandwich

сэндвич

Schnitzel

шницель

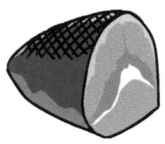

Schinken

ветчина

Salami

салями

Wurst

колбаса

Huhn

курица

Braten

жаркое

Fisch

рыба

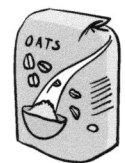

Haferflocken

овсяные хлопья

Müsli

мюсли

Cornflakes

кукурузные хлопья

Mehl

мука

Croissant

круассан

Brötchen

булочка

Brot

хлеб

Toast

тост

Kekse

печенье

Butter

масло

Quark

творог

Kuchen

пирог

Ei

яйцо

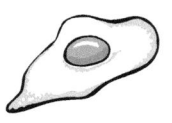

Spiegelei

яичница

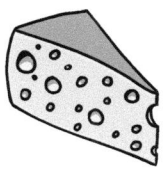

Käse

сыр

Eiscreme

мороженое

Zucker

сахар

Honig

мёд

Marmelade

мармелад

Nougat-Creme

крем с нугой

Curry

карри

Bauernhof
ферма

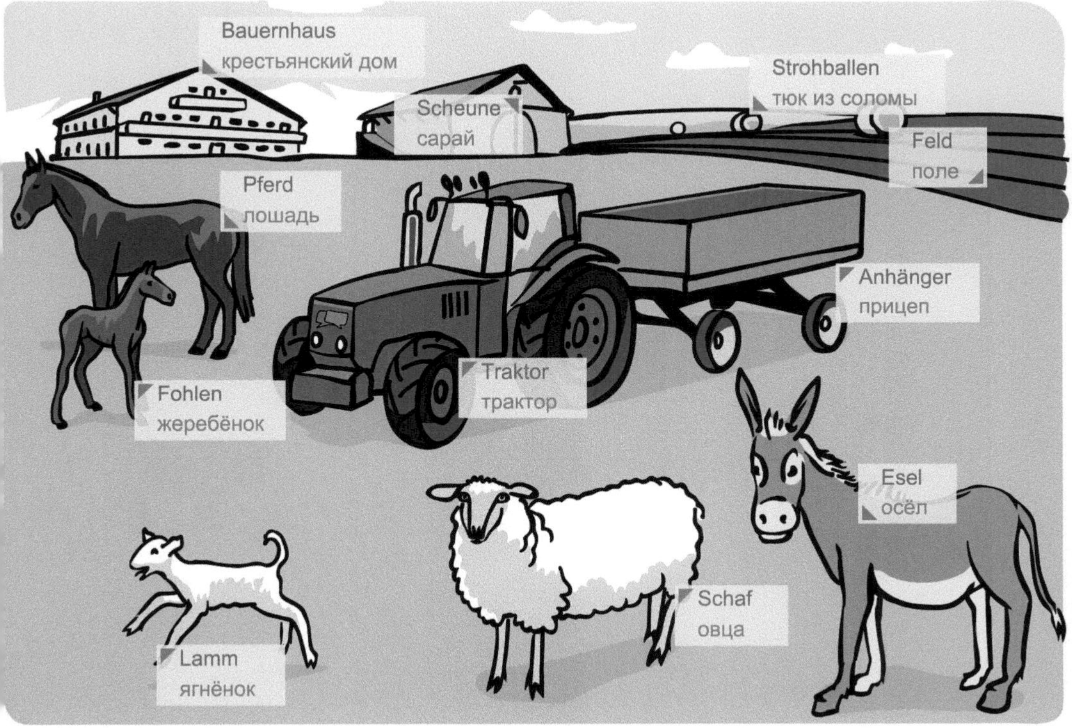

Bauernhaus
крестьянский дом
Strohballen
тюк из соломы
Scheune
сарай
Feld
поле
Pferd
лошадь
Anhänger
прицеп
Traktor
трактор
Fohlen
жеребёнок
Esel
осёл
Schaf
овца
Lamm
ягнёнок

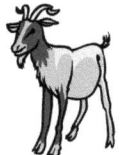

Ziege
коза

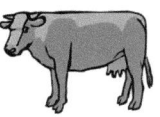

Kuh
корова

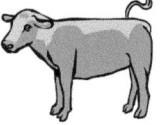

Kalb
телёнок

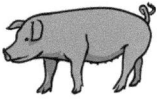

Schwein
свинья

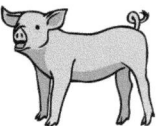

Ferkel
поросёнок

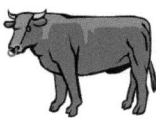

Bulle
бык

Gans

гусь

Ente

утка

Küken

цыплёнок

Huhn

курица

Hahn

петух

Ratte

крыса

Katze

кошка

Maus

мышь

Ochse

вол

Hund

собака

Hundehütte

конура

Gartenschlauch

садовый шланг

Gießkanne

лейка

Sense

коса

Pflug

плуг

Sichel

серп

Hacke

мотыга

Mistgabel

навозные вилы

Axt

топор

Schubkarre

тачка

Trog

корыто

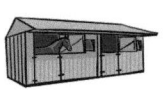

Milchkanne

бидон для молока

Sack

мешок

Zaun

забор

Stall

хлев

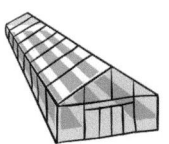

Treibhaus

теплица

Boden

почва

Saat

посев

Dünger

удобрение

Mähdrescher

комбайн

ernten

собирать урожай

Ernte

урожай

Yamswurzel

ямс

Weizen

пшеница

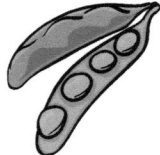

Soja

соя

Kartoffel

картофель

Mais

кукуруза

Raps

рапс

Obstbaum

фруктовое дерево

Maniok

маниок

Getreide

злаки

Haus

дом

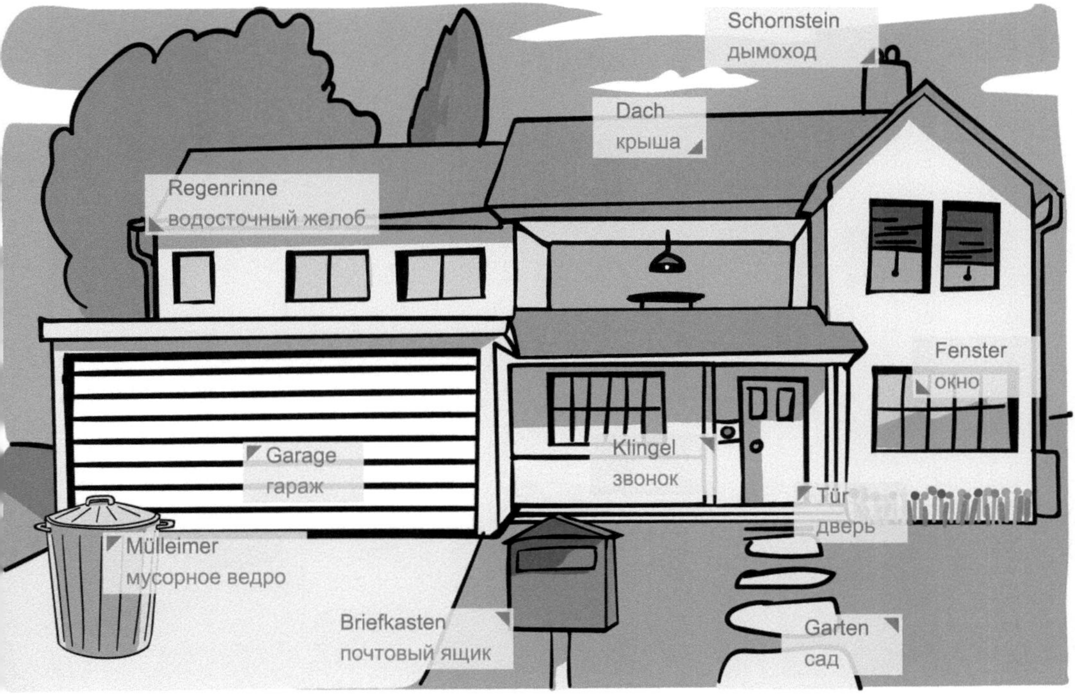
Schornstein
дымоход
Dach
крыша
Regenrinne
водосточный желоб
Fenster
окно
Klingel
звонок
Garage
гараж
Tür
дверь
Mülleimer
мусорное ведро
Briefkasten
почтовый ящик
Garten
сад

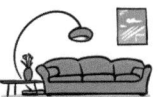

Wohnzimmer

гостиная

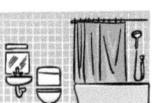

Badezimmer

ванная комната

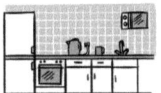

Küche

кухня

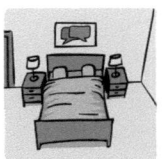

Schlafzimmer

спальня

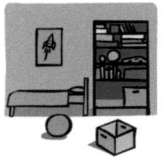

Kinderzimmer

детская комната

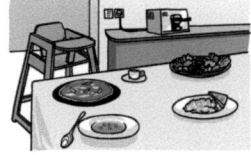

Esszimmer

столовая

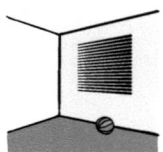

Boden

пол

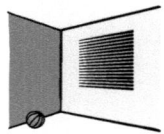

Wand

стена

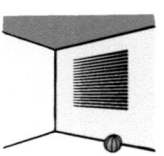

Decke

потолок

Keller

подвал

Sauna

сауна

Balkon

балкон

Terrasse

терраса

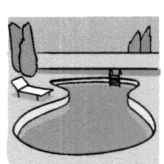

Schwimmbad

бассейн

Rasenmäher

газонокосилка

Bettbezug

пододеяльник

Bettdecke

покрывало

Bett

кровать

Besen

метла

Eimer

ведро

Schalter

выключатель

Wohnzimmer

гостиная

Tapete
обои
Bild
рисунок
Lampe
лампа
Regal
полка
Schrank
шкаф
Fernseher
телевизор
Kamin
камин
Blume
цветок
Kissen
подушка
Sofa
диван
Vase
ваза
Fernbedienung
пульт дистанционного управления

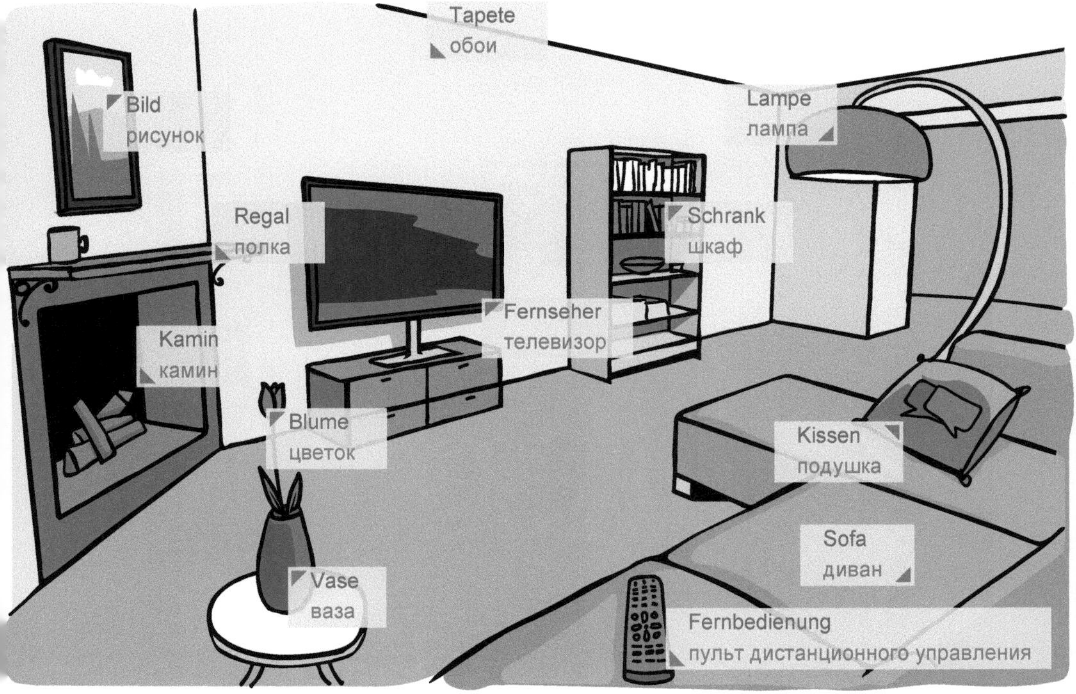

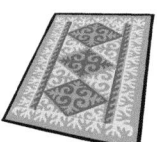

Teppich

ковёр

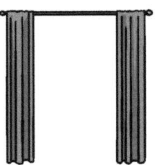

Vorhang

штора

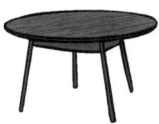

Tisch

стол

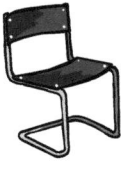

Stuhl

стул

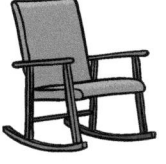

Schaukelstuhl

кресло-качалка

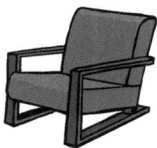

Sessel

кресло

Buch

книга

Decke

покрывало

Dekoration

украшение

Feuerholz

дрова

Film

фильм

Stereoanlage

стереосистема

Schlüssel

ключ

Zeitung

газета

Gemälde

картина

Poster

плакат

Radio

радио

Notizblock

блокнот

Staubsauger

пылесос

Kaktus

кактус

Kerze

свеча

Küche
кухня

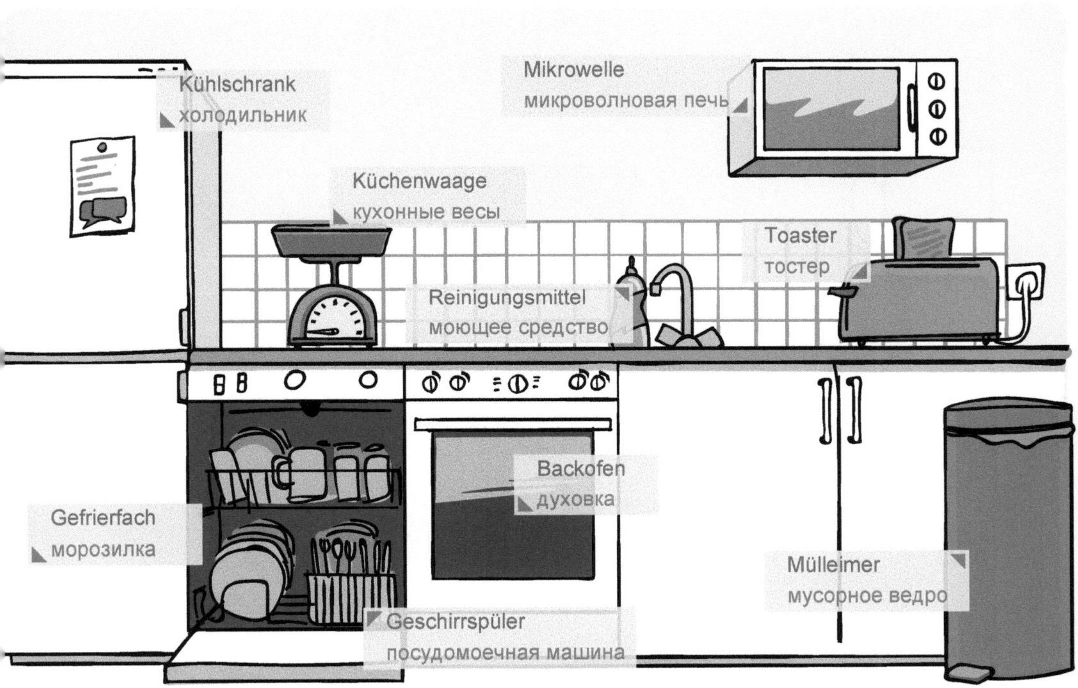
Kühlschrank
холодильник
Mikrowelle
микроволновая печь
Küchenwaage
кухонные весы
Toaster
тостер
Reinigungsmittel
моющее средство
Backofen
духовка
Gefrierfach
морозилка
Mülleimer
мусорное ведро
Geschirrspüler
посудомоечная машина

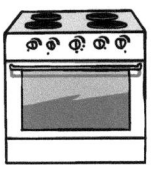

Herd
плита

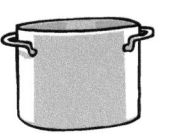

Topf
кастрюля

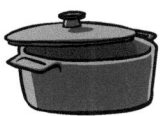

Eisentopf
чугунный котелок

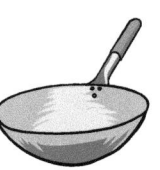

Wok / Kadai
вок / кадай

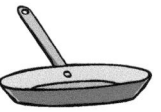

Pfanne
сковорода

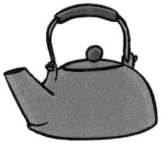

Wasserkocher
чайник

Dampfgarer

пароварка

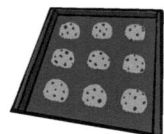

Backblech

противень

Geschirr

посуда

Becher

кружка

Schale

миска

Essstäbchen

палочки для еды

Suppenkelle

половник

Pfannenwender

лопатка

Schneebesen

сбивалка

Kochsieb

сито

Sieb

сито

Reibe

тёрка

Mörser

ступка

Grill

гриль

Feuerstelle

костёр

Schneidebrett

доска

Nudelholz

скалка

Korkenzieher

штопор

Dose

жестяная банка

Dosenöffner

консервный нож

Topflappen

прихватка

Waschbecken

раковина

Bürste

щетка

Schwamm

губка

Mixer

миксер

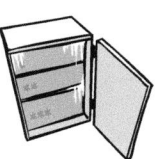

Gefriertruhe

морозильная камера

Babyflasche

бутылочка для кормления

Wasserhahn

кран

Badezimmer

ванная комната

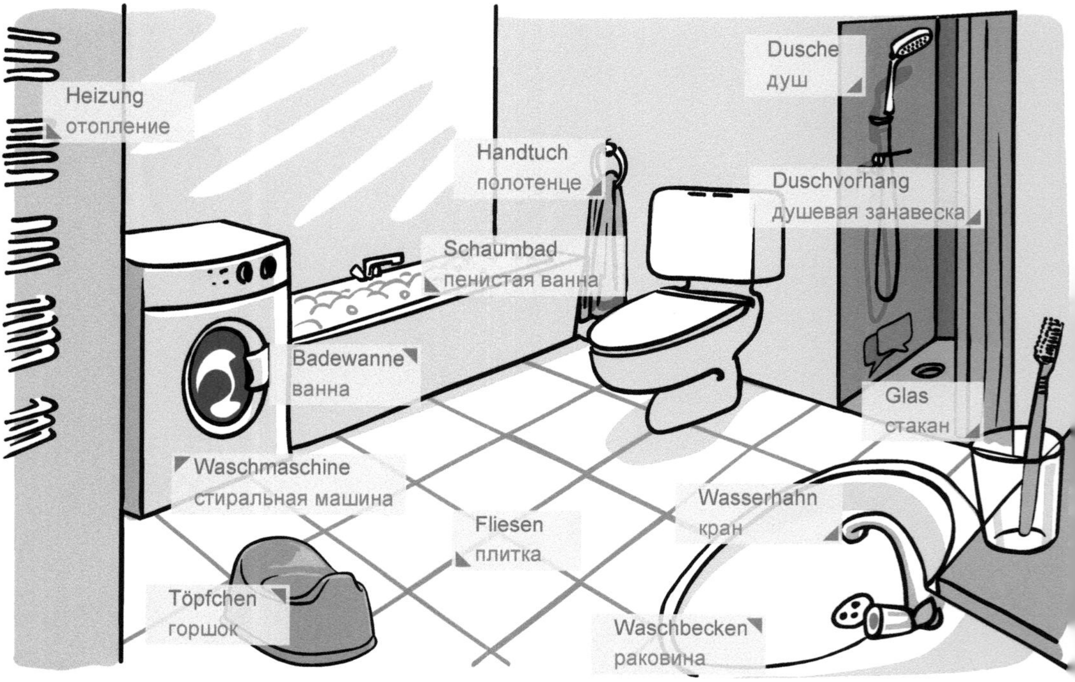

Heizung
отопление
Dusche
душ
Handtuch
полотенце
Duschvorhang
душевая занавеска
Schaumbad
пенистая ванна
Badewanne
ванна
Glas
стакан
Waschmaschine
стиральная машина
Wasserhahn
кран
Fliesen
плитка
Töpfchen
горшок
Waschbecken
раковина

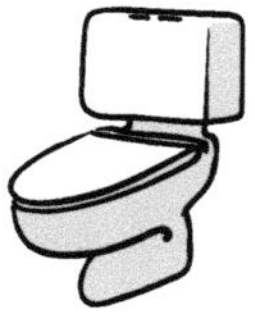

Toilette

туалет

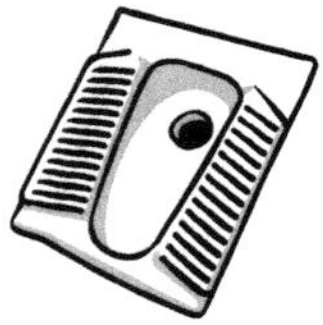

Hocktoilette

напольный унитаз

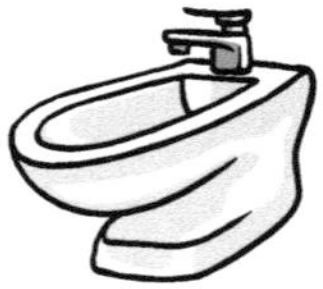

Bidet

биде

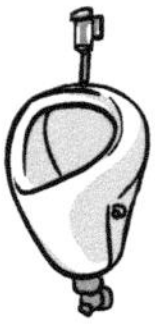

Pissoir

писсуар

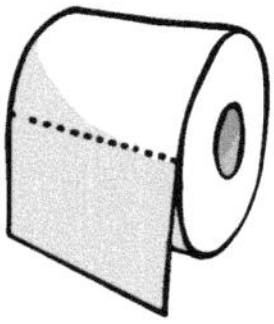

Toilettenpapier

туалетная бумага

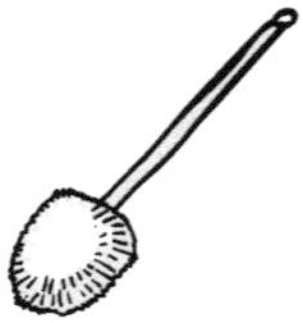

Toilettenbürste

ершик

Zahnbürste

зубная щетка

Zahnpasta

зубная паста

Zahnseide

зубная нить

waschen

мыть

Handbrause

ручной душ

Intimdusche

интимный душ

Waschschüssel

таз

Rückenbürste

щетка для спины

Seife

мыло

Duschgel

гель для душа

Shampoo

шампунь

Waschlappen

мочалка

Abfluss

сток

Creme

крем

Deodorant

дезодорант

Spiegel

зеркало

Kosmetikspiegel

ручное зеркало

Rasierer

бритва

Rasierschaum

пена для бритья

Rasierwasser

лосьон после бритья

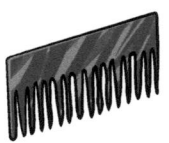

Kamm

расческа

Bürste

щетка

Föhn

фен

Haarspray

лак для волос

Makeup

косметика

Lippenstift

губная помада

Nagellack

лак для ногтей

Watte

вата

Nagelschere

маникюрные ножницы

Parfum

духи

Kulturbeutel

косметичка

Hocker

табуретка

Waage

весы

Bademantel

халат

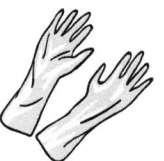

Gummihandschuhe

резиновые перчатки

Tampon

тампон

Damenbinde

гигиеническая прокладка

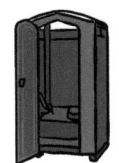

Chemietoilette

биотуалет

Kinderzimmer

детская комната

Wecker
будильник
Kuscheltier
мягкая игрушка
Spielzeugauto
игрушечный автомобиль
Rassel
погремушка
Puppenhaus
кукольный домик
Geschenk
подарок

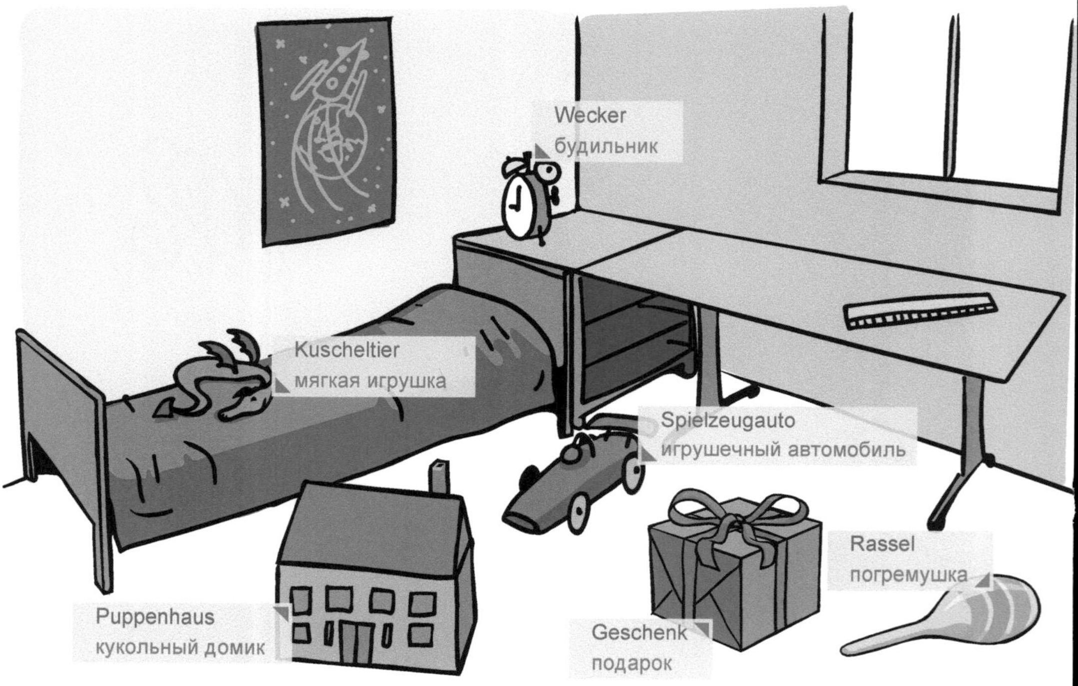

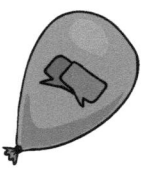

Ballon

воздушный шар

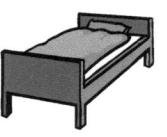

Bett

кровать

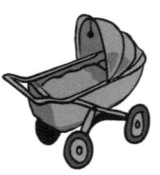

Kinderwagen

детская коляска

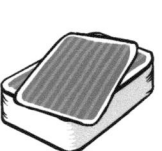

Kartenspiel

карточная игра

Puzzle

пазл

SUPER
MEGA

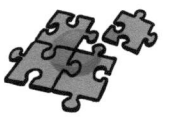

Comic

комикс

Legosteine

кирпичики Лего

Bausteine

кубики

Action Figur

игрушечная фигурка

Strampelanzug

ползунки

Frisbee

фрисби

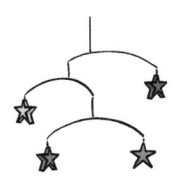

Mobile

мобиле

Brettspiel

настольная игра

Würfel

кубик

Modelleisenbahn

модель железной дороги

Schnuller

соска

Party

вечеринка

Bilderbuch

книга с картинками

Ball

мяч

Puppe

кукла

spielen

играть

Sandkasten

песочница

Schaukel

качели

Spielzeug

игрушка

Spielkonsole

игровая приставка

Dreirad

трёхколесный велосипед

Teddy

плюшевый медвежонок

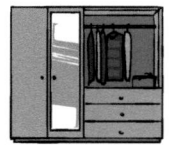

Kleiderschrank

шкаф для одежды

Kleidung

одежда

Socken

носки

Strümpfe

чулки

Strumpfhose

колготки

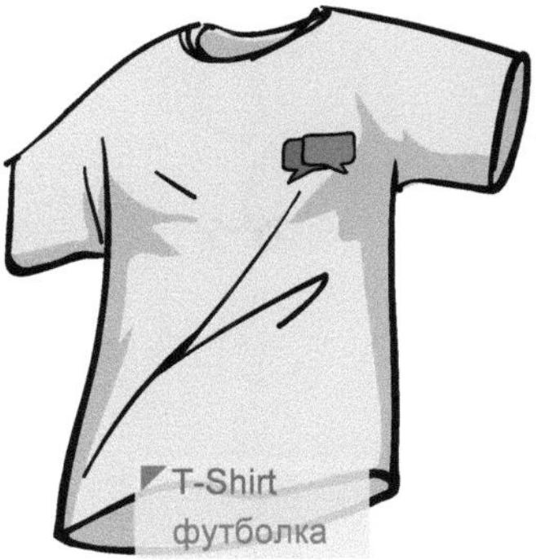

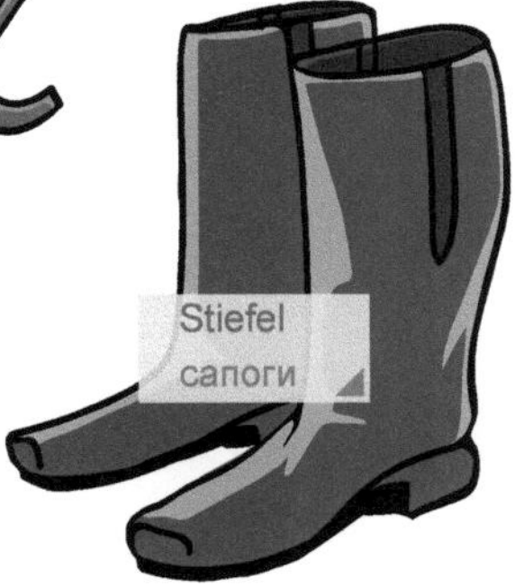

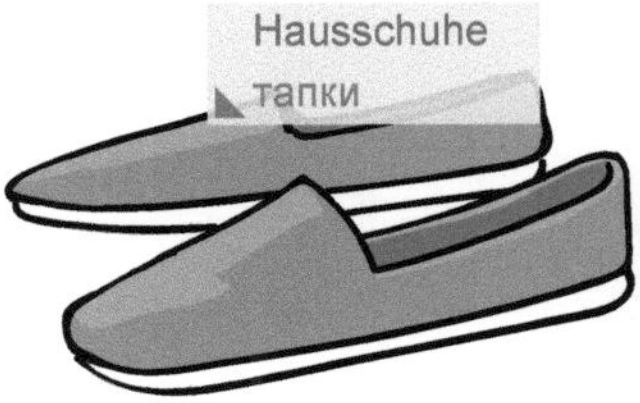

Schal
шарф

Gürtel
ремень

Regenschirm
зонтик

T-Shirt
футболка

Stiefel
сапоги

Hausschuhe
тапки

Turnschuhe
кроссовки

Sandalen

сандалии

Schuhe

ботинки

Gummistiefel

резиновые сапоги

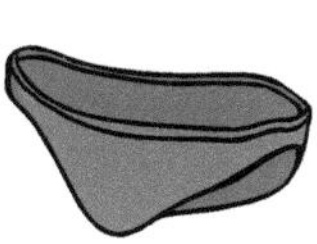

Unterhose

трусы

Büstenhalter

бюстгальтер

Unterhemd

майка

Body

боди

Hose

брюки

Jeans

джинсы

Rock

юбка

Bluse

блузка

Hemd

рубашка

Pullover

свитер

Kapuzenpullover

свитер

Blazer

спортивная куртка

Jacke

жакет

Mantel

пальто

Regenmantel

плащ

Kostüm

костюм

Kleid

платье

Hochzeitskleid

свадебное платье

Anzug

мужской костюм

Nachthemd

ночная сорочка

Schlafanzug

пижама

Sari

сари

Kopftuch

платок

Turban

тюрбан

Burka

паранджа

Kaftan

кафтан

Abaya

абайя

Badeanzug

купальник

Badehose

плавки

Kurze Hose

шорты

Trainingsanzug

спортивный костюм

Schürze

фартук

Handschuhe

перчатки

Knopf

пуговица

Brille

очки

Armband

браслет

Halskette

цепочка

Ring

кольцо

Ohrring

серьга

Mütze

шапка

Kleiderbügel

вешалка

Hut

шляпа

Krawatte

галстук

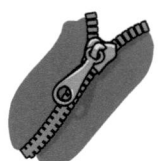

Reißverschluss

застежка молния

Helm

шлем

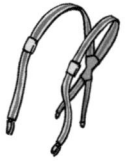

Hosenträger

подтяжки

Schuluniform

школьная форма

Uniform

форма

Lätzchen

детский нагрудник

Schnuller

соска

Windel

подгузник

Büro

офис

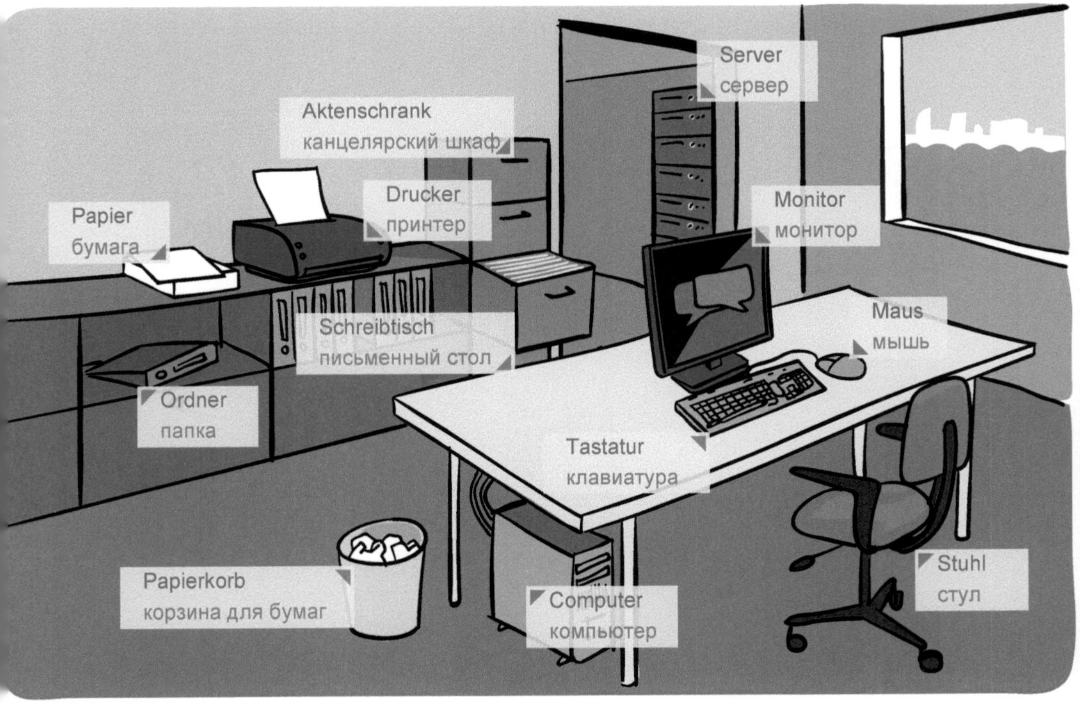

Server
сервер

Aktenschrank
канцелярский шкаф

Drucker
принтер

Monitor
монитор

Papier
бумага

Maus
мышь

Schreibtisch
письменный стол

Ordner
папка

Tastatur
клавиатура

Papierkorb
корзина для бумаг

Stuhl
стул

Computer
компьютер

Kaffeebecher

кофейная кружка

Taschenrechner

калькулятор

Internet

интернет

Laptop

ноутбук

Brief

письмо

Nachricht

сообщение

Handy

мобильный телефон

Netzwerk

сеть

Kopierer

ксерокс

Software

программа

Telefon

телефон

Steckdose

розетка

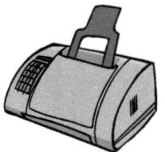

Fax

факс

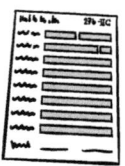

Formular

формуляр

Dokument

документ

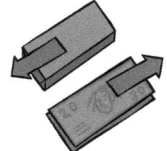

kaufen

покупать

bezahlen

платить

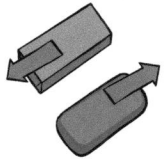

handeln

торговать

Geld

деньги

Dollar

доллар

Euro

евро

Yen

иена

Rubel

рубль

Franken

франк

Renminbi Yuan

жэньминьби юань

Rupie

рупия

Geldautomat

банкомат

Wechselstube

пункт обмена валюты

Gold

золото

Silber

серебро

Öl

нефть

Energie

энергия

Preis

цена

Vertrag

договор

Steuer

налог

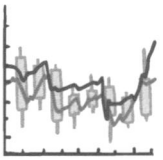

Aktie

акция

arbeiten

работать

Angestellter

служащий

Arbeitgeber

работодатель

Fabrik

фабрика

Geschäft

магазин

Berufe

профессии

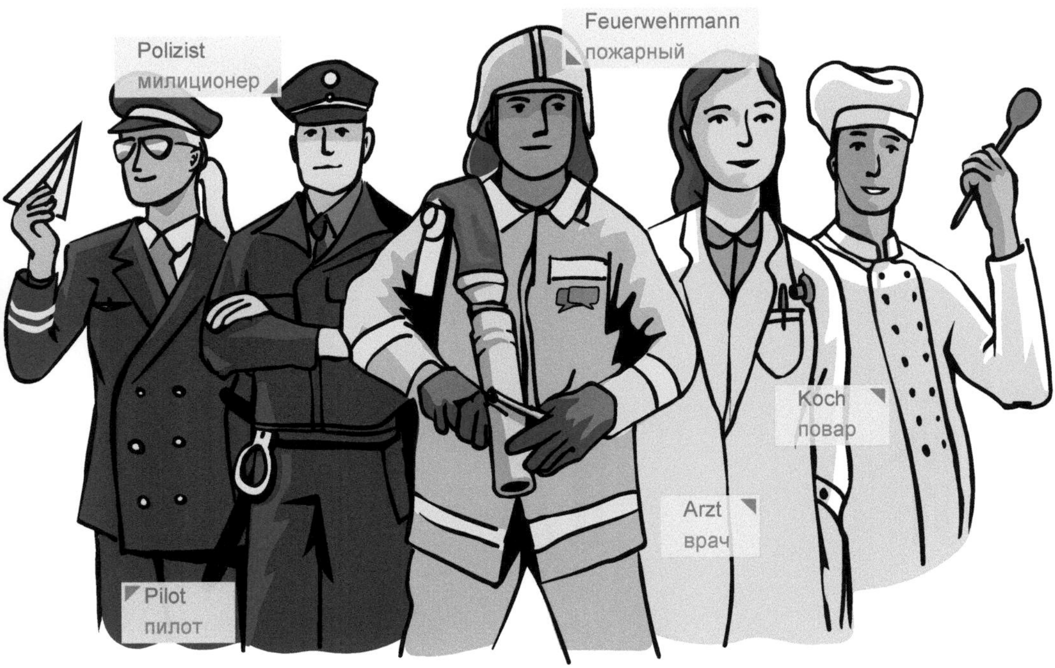
Polizist
милиционер
Feuerwehrmann
пожарный
Koch
повар
Arzt
врач
Pilot
пилот

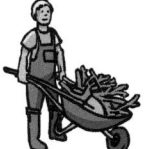

Gärtner

садовник

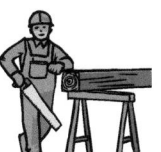

Tischler

столяр

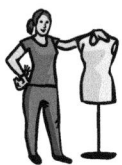

Näherin

швея

Richter

судья

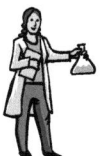

Chemiker

химик

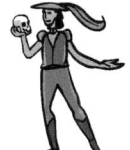

Schauspieler

актёр

Busfahrer

водитель автобуса

Taxifahrer

таксист

Fischer

рыбак

Putzfrau

уборщица

Dachdecker

кровельщик

Kellner

официант

Jäger

охотник

Maler

художник

Bäcker

пекарь

Elektriker

электрик

Bauarbeiter

строитель

Ingenieur

инженер

Schlachter

мясник

Klempner

сантехник

Postbote

почтальон

Soldat

солдат

Architekt

архитектор

Kassierer

кассир

Florist

флорист

Friseur

парикмахер

Schaffner

кондуктор

Mechaniker

механик

Kapitän

капитан

Zahnarzt

зубной врач

Wissenschaftler

ученый

Rabbi

раввин

Imam

имам

Mönch

монах

Geistlicher

священник

Werkzeuge

инструменты

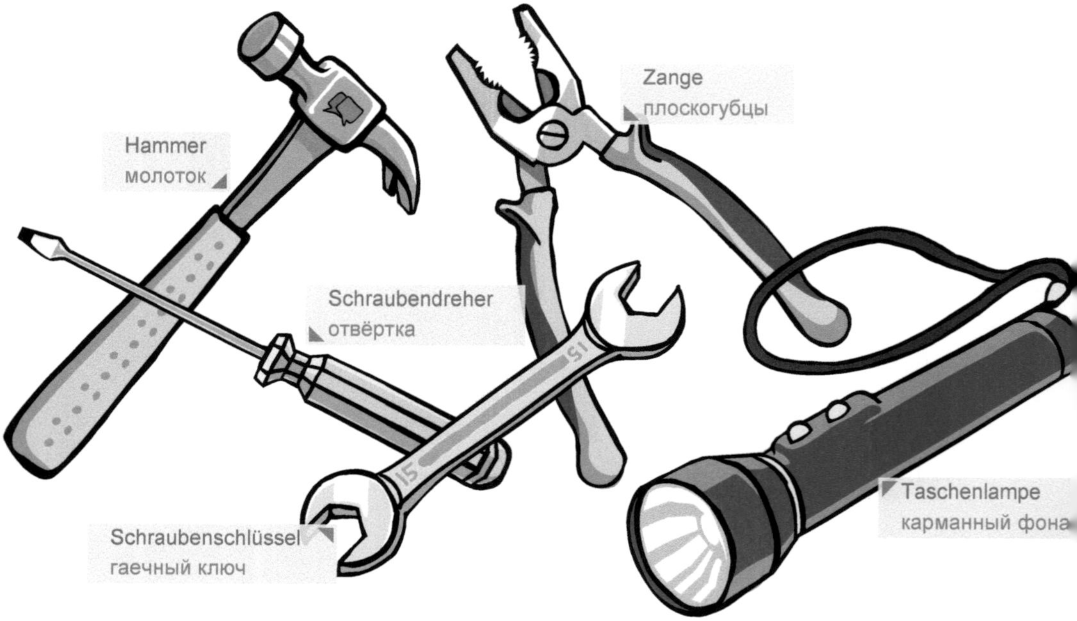

Hammer
молоток

Zange
плоскогубцы

Schraubendreher
отвёртка

Schraubenschlüssel
гаечный ключ

Taschenlampe
карманный фона

Bagger

экскаватор

Werkzeugkasten

ящик для инструментов

Leiter

стремянка

Säge

пила

Nägel

гвозди

Bohrer

дрель

reparieren
ремонтировать

Schaufel
лопата

Mist!
Блин!

Kehrblech
совок

Farbtopf
ведро с краской

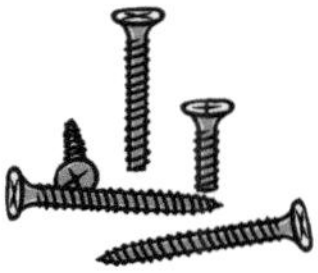

Schrauben
винты

Musikinstrumente
музыкальные инструменты

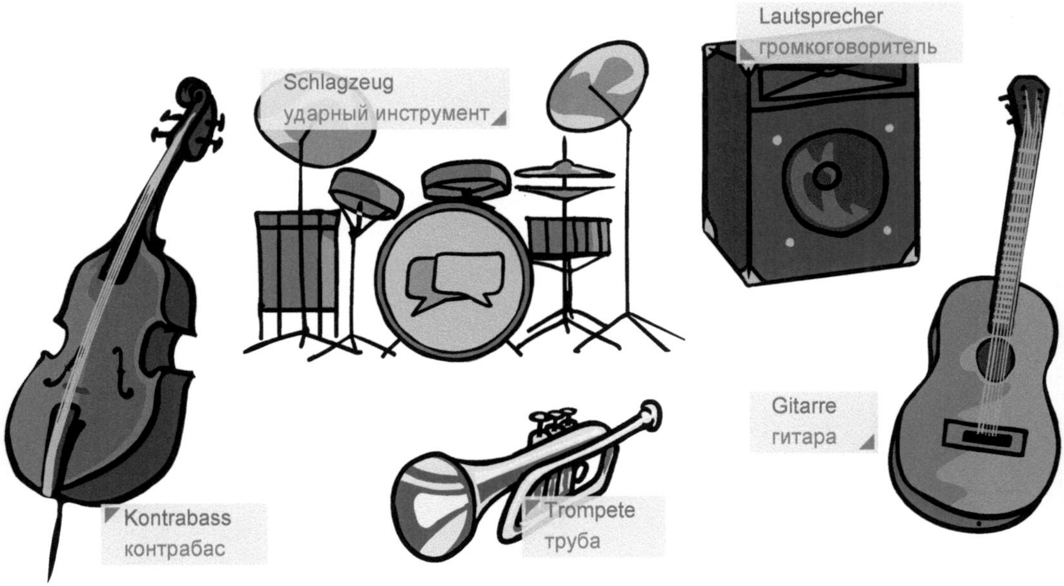

Lautsprecher
громкоговоритель

Schlagzeug
ударный инструмент

Gitarre
гитара

Kontrabass
контрабас

Trompete
труба

Klavier

пианино

Violine

скрипка

Bass

бас-гитара

Pauke

литавры

Trommeln

барабан

Keyboard

синтезатор

Saxophon

саксофон

Flöte

флейта

Mikrofon

микрофон

Zoo

зоопарк

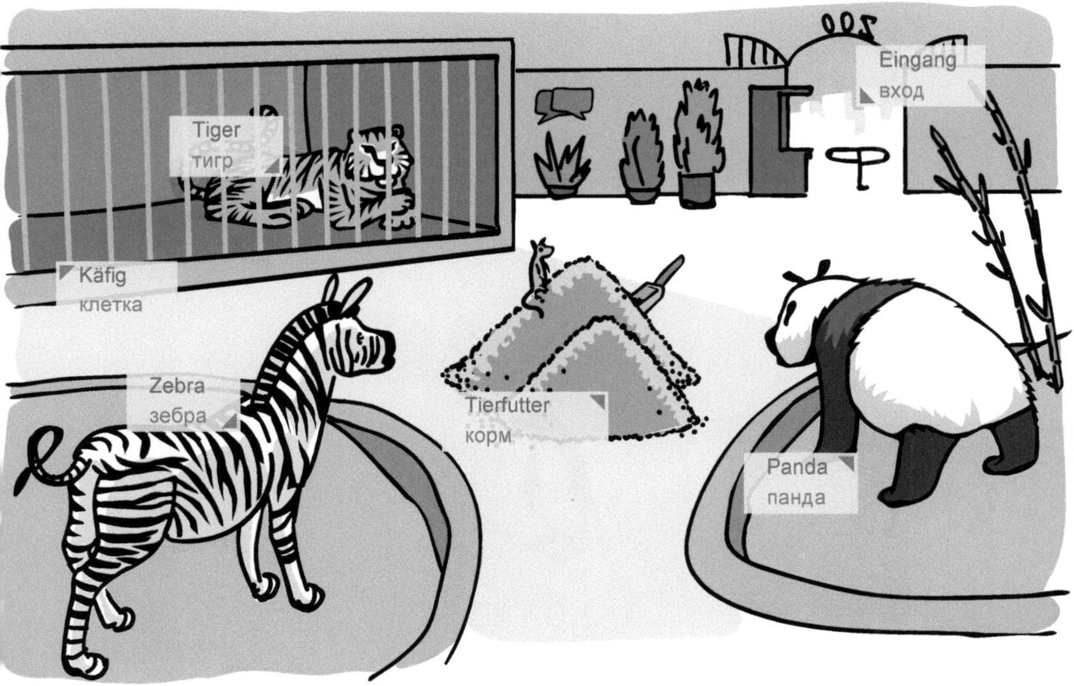
Tiger
тигр
Eingang
вход
Käfig
клетка
Zebra
зебра
Tierfutter
корм
Panda
панда

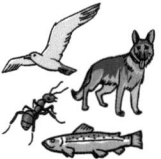

Tiere

животные

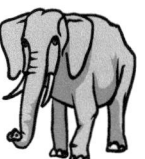

Elefant

слон

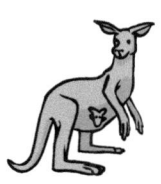

Känguru

кенгуру

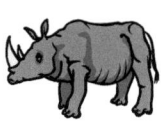

Nashorn

носорог

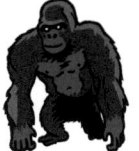

Gorilla

горилла

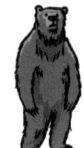

Bär

медведь

Kamel

верблюд

Strauß

страус

Löwe

лев

Affe

обезьяна

Flamingo

фламинго

Papagei

попугай

Eisbär

белый медведь

Pinguin

пингвин

Hai

акула

Pfau

павлин

Schlange

змея

Krokodil

крокодил

Zoowärter

служитель зоопарка

Robbe

тюлень

Jaguar

ягуар

Zoo - зоопарк

Pony

пони

Leopard

леопард

Nilpferd

бегемот

Giraffe

жираф

Adler

орёл

Wildschwein

кабан

Fisch

рыба

Schildkröte

черепаха

Walross

морж

Fuchs

лиса

Gazelle

газель

American Football
американский футбол

Radfahren
езда на велосипеде

Tennis
теннис

Basketball
баскетбол

Schwimmen
плавание

Boxen
бокс

Eishockey
хоккей

Fußball
футбол

Badminton
бадминтон

Leichtathletik
лёгкая атлетика

Handball
гандбол

Skilaufen
лыжный спорт

Polo
поло

Aktivitäten

действия

lachen
смеяться
springen
прыгать
umarmen
обнимать
gehen
идти
singen
петь
träumen
мечтать
beten
молиться
küssen
целовать

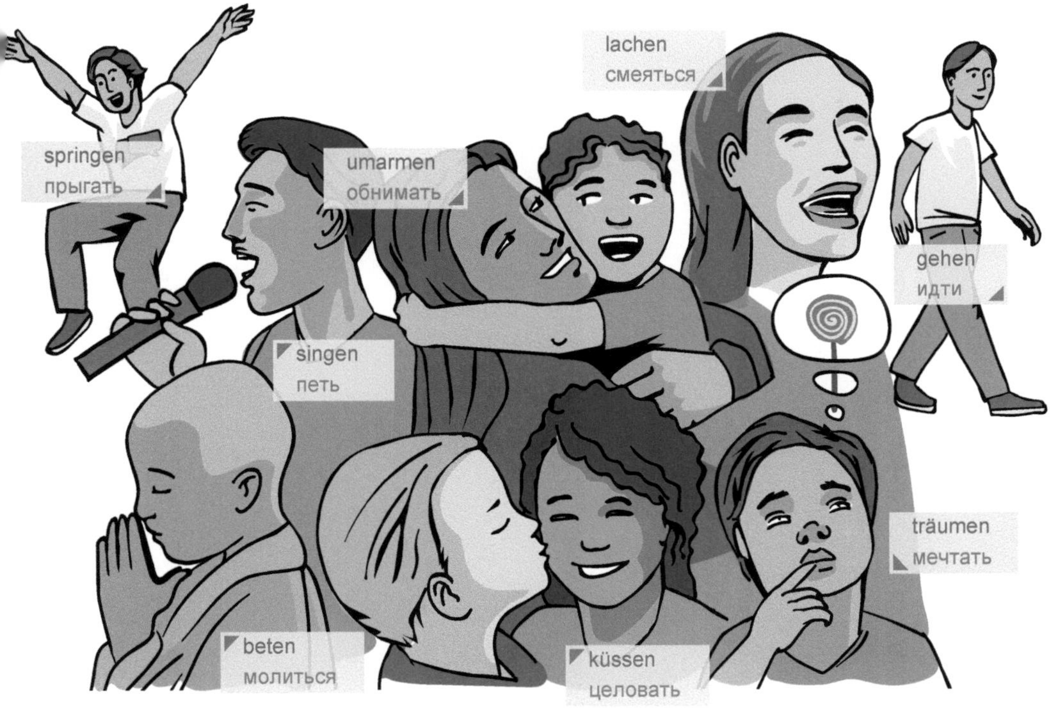

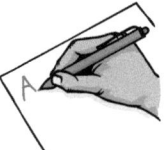

schreiben

писать

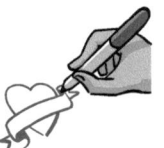

zeichnen

рисовать

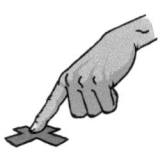

zeigen

показывать

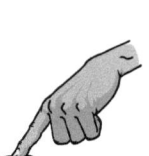

drücken

нажимать

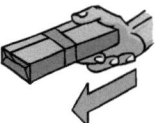

geben

давать

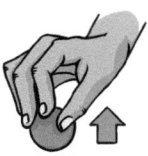

nehmen

брать

haben
иметь

tun
делать

sein
быть

stehen
стоять

laufen
бежать

ziehen
тянуть

werfen
бросать

fallen
падать

liegen
лежать

warten
ждать

tragen
носить

sitzen
сидеть

anziehen
надевать

schlafen
спать

aufwachen
просыпаться

ansehen

рассматривать

weinen

плакать

streicheln

гладить

kämmen

причесывать

reden

говорить

verstehen

понимать

fragen

спрашивать

hören

слушать

trinken

пить

essen

кушать

aufräumen

наводить порядок

lieben

любить

kochen

готовить

fahren

ехать

fliegen

летать

Aktivitäten - действия

segeln

ходить под парусом

rechnen

считать

lesen

читать

lernen

учиться

arbeiten

работать

heiraten

вступать в брак

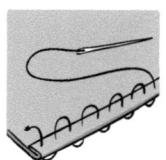

nähen

шить

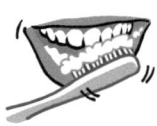

Zähne putzen

чистить зубы

töten

убивать

rauchen

курить

senden

отправлять

Großmutter
бабушка

Großvater
дедушка

Vater
папа

Mutter
мама

Baby
младенец

Tochter
дочь

Sohn
сын

Gast

гость

Tante

тетя

Onkel

дядя

Bruder

брат

Schwester

сестра

Körper

тело

Stirn
лоб
Auge
глаз
Gesicht
лицо
Kinn
подбородок
Brust
грудь
Finger
палец
Hand
кисть
Arm
рука
Schulter
плечо
Bein
нога

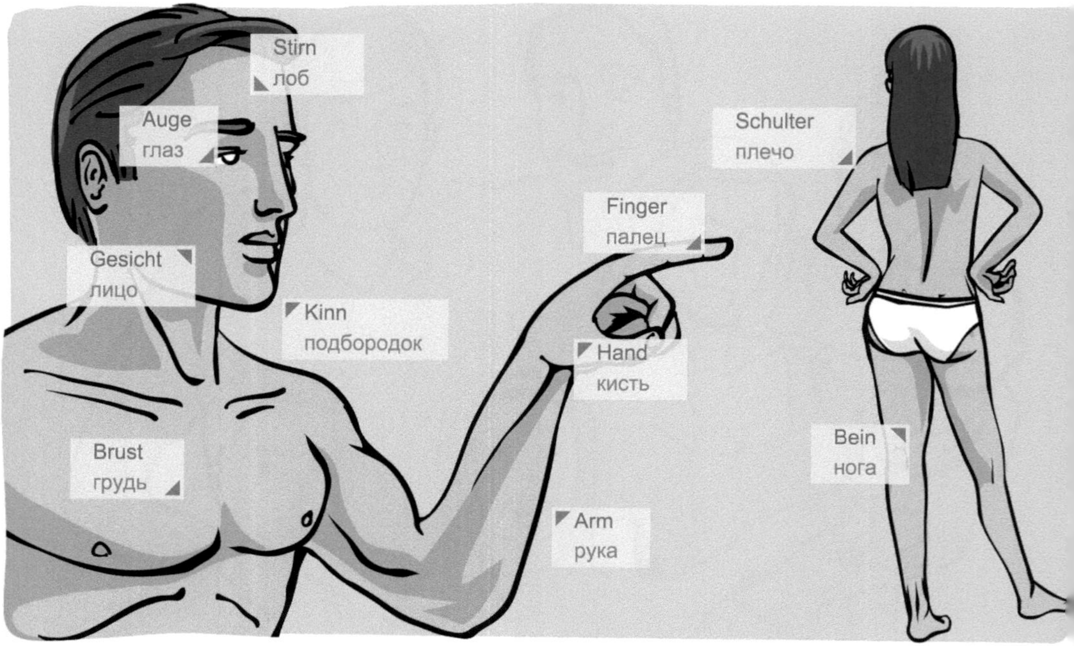

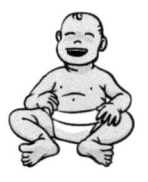

Baby

младенец

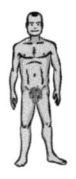

Mann

мужчина

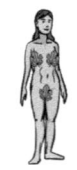

Frau

женщина

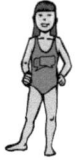

Mädchen

девочка

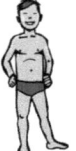

Junge

мальчик

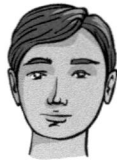

Kopf

голова

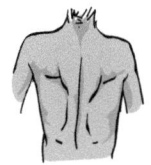

Rücken

спина

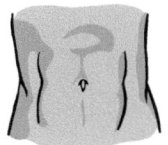

Bauch

живот

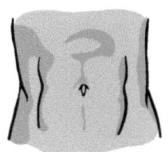

Nabel

пупок

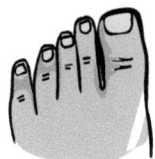

Zeh

палец ноги

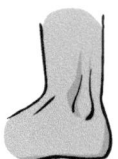

Ferse

пятка

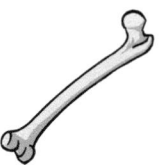

Knochen

кость

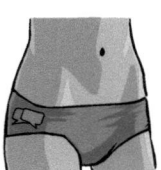

Hüfte

бедро

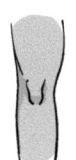

Knie

колено

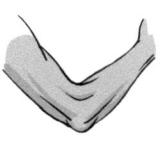

Ellenbogen

локоть

Nase

нос

Gesäß

ягодицы

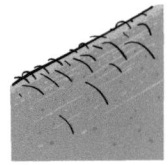

Haut

кожа

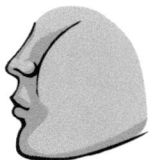

Wange

щека

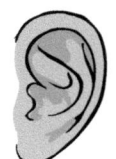

Ohr

ухо

Lippe

губа

Mund

рот

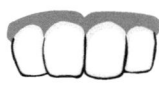

Zahn

зуб

Zunge

язык

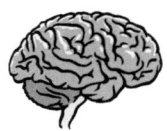

Gehirn

мозг

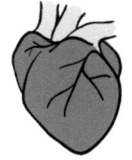

Herz

сердце

Muskel

мышца

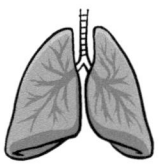

Lunge

лёгкое

Leber

печень

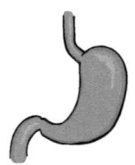

Magen

желудок

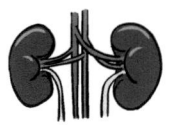

Nieren

почки

Geschlechtsverkehr

половой акт

Kondom

презерватив

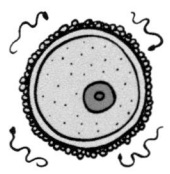

Eizelle

яйцеклетка

Sperma

сперма

Schwangerschaft

беременность

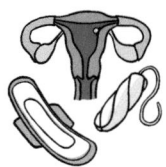

Menstruation

менструация

Vagina

вагина

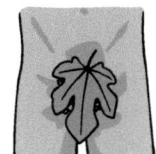

Penis

пенис

Augenbraue

бровь

Haar

волосы

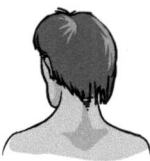

Hals

шея

Krankenhaus
больница

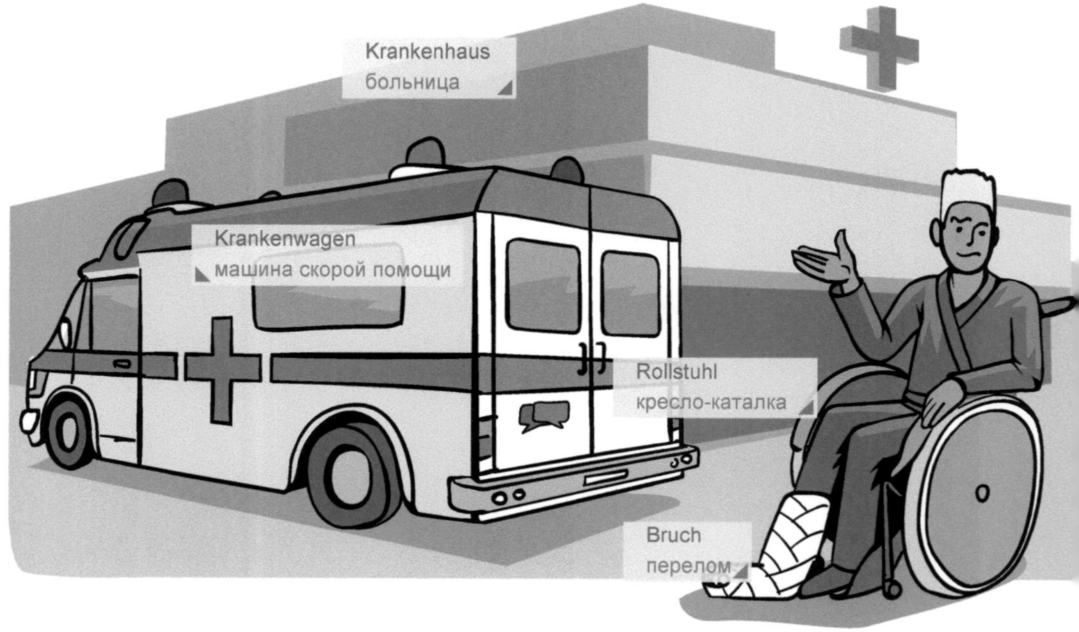

Krankenhaus
больница
Krankenwagen
машина скорой помощи
Rollstuhl
кресло-каталка
Bruch
перелом

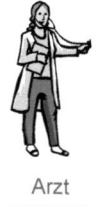

Arzt

врач

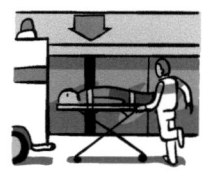

Notaufnahme

пункт первой помощи

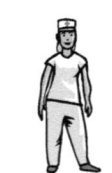

Krankenschwester

медсестра

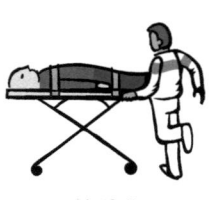

Notfall

неотложный случай

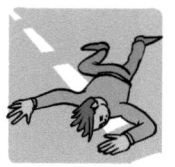

ohnmächtig

без сознания

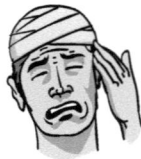

Schmerz

боль

Verletzung

повреждение

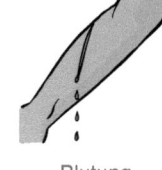

Blutung

кровотечение

Herzinfarkt

инфаркт

Schlaganfall

инсульт

Allergie

аллергия

Husten

кашель

Fieber

повышенная температура

Grippe

грипп

Durchfall

понос

Kopfschmerzen

головная боль

Krebs

рак

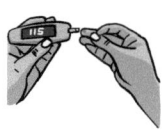

Diabetis

диабет

Chirurg

хирург

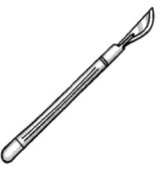

Skalpell

скальпель

Operation

операция

Krankenhaus - больница

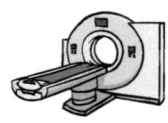

CT

КТ

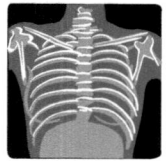

Röntgen

рентген

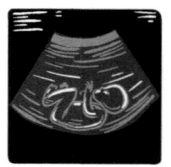

Ultraschall

ультразвук

Maske

маска

Krankheit

болезнь

Wartezimmer

приёмная

Krücke

костыль

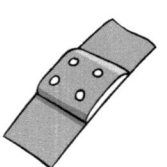

Pflaster

пластырь

Verband

бинт

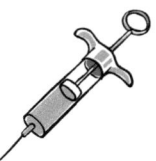

Injektion

укол

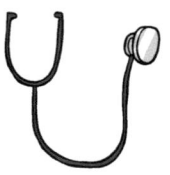

Stethoskop

стетоскоп

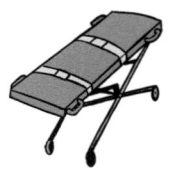

Trage

носилки

Thermometer

термометр

Geburt

рождение

Übergewicht

избыточный вес

Hörgerät

слуховой аппарат

Desinfektionsmittel

дезинфекционное
средство

Infektion

инфекция

Virus

вирус

HIV / AIDS

ВИЧ / СПИД

Medizin

лекарство

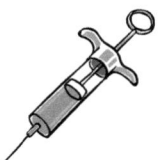

Impfung

прививка

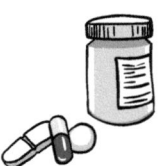

Tabletten

таблетки

Pille

противозачаточная
таблетка

Notruf

экстренный вызов

Blutdruck-Messgerät

прибор для измерения
кровяного давления

krank / gesund

больной / здоровый

Hilfe!

Помогите!

Alarm

сигнал тревоги

Überfall

нападение

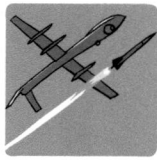

Angriff

атака

Gefahr

опасность

Notausgang

запасной выход

Feuer!

Пожар!

Feuerlöscher

огнетушитель

Unfall

несчастный случай

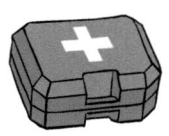

Erste-Hilfe-Koffer

аптечка

SOS

SOS

Polizei

милиция

Europa

Европа

Nordamerika

Северная Америка

Südamerika

Южная Америка

Afrika

Африка

Asien

Азия

Australien

Австралия

Atlantik

Атлантический океан

Pazifik

Тихий океан

Indischer Ozean

Индийский океан

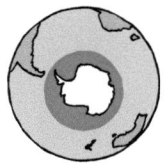

Antarktischer Ozean

Антарктический океан

Arktischer Ozean

Северный Ледовитый
океан

Nordpol

Северный полюс

Südpol

Южный полюс

Antarktis

Антарктика

Erde

земля

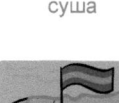

Land

суша

Meer

море

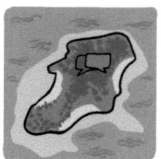

Insel

остров

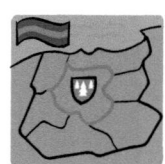

Nation

нация

Staat

государство

Zifferblatt

циферблат

Stundenzeiger

часовая стрелка

Minutenzeiger

минутная стрелка

Sekundenzeiger

секундная стрелка

Wie spät ist es?

Который час?

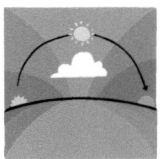

Tag

день

Zeit

время

jetzt

сейчас

Digitaluhr

электронные часы

Minute

минута

Stunde

час

Woche

неделя

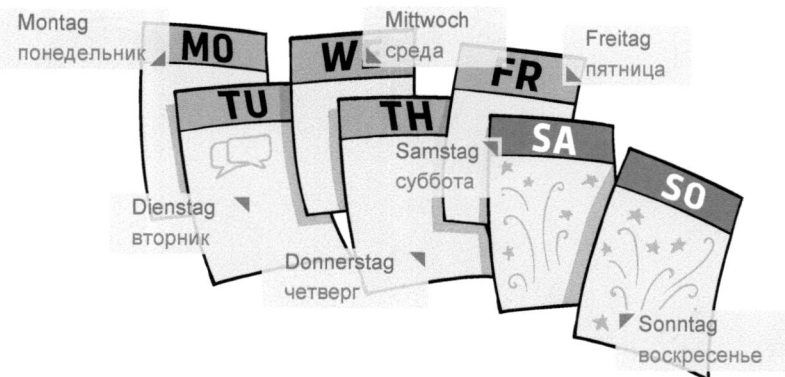

Montag
понедельник

Mittwoch
среда

Freitag
пятница

Dienstag
вторник

Donnerstag
четверг

Samstag
суббота

Sonntag
воскресенье

gestern

вчера

heute

сегодня

morgen

завтра

Morgen

утро

Mittag

полдень

Abend

вечер

Arbeitstage

рабочие дни

Wochenende

выходные

Jahr

год

Regenbogen
радуга
Regen
дождь
Schnee
снег
Wind
ветер
Frühling
весна
Herbst
осень
Sommer
лето
Winter
зима

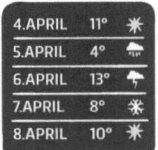

4.APRIL 11°
5.APRIL 4°
6.APRIL 13°
7.APRIL 8°
8.APRIL 10°

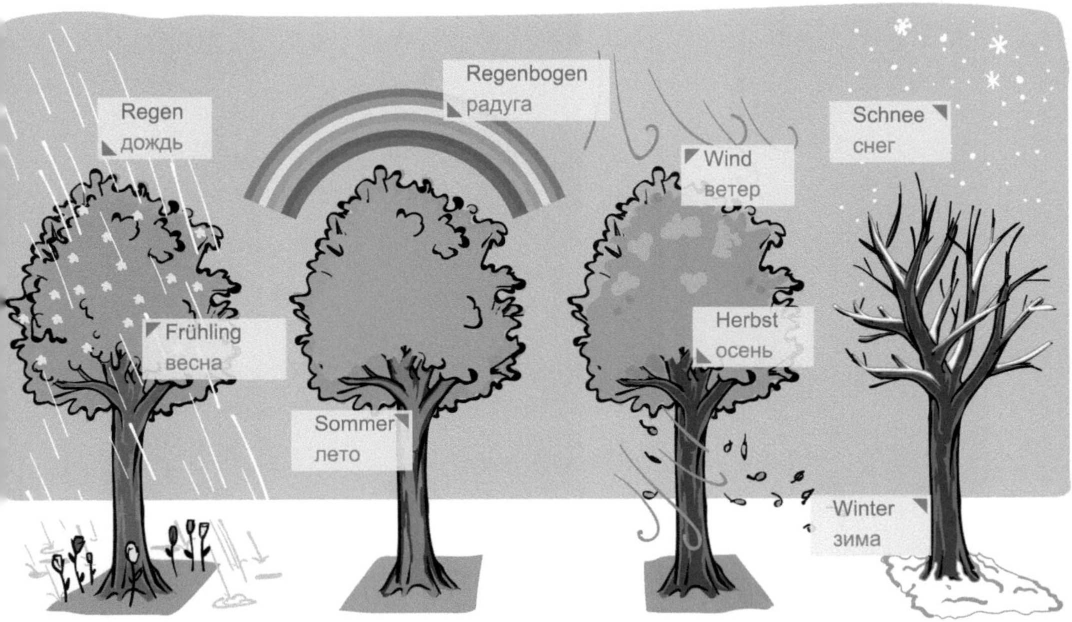

Wettervorhersage

прогноз погоды

F
C
120
90
60
30
0
-30
40
30
20
10
0
-10
-20

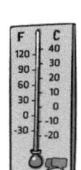

Thermometer

термометр

Sonnenschein

солнечный свет

Wolke

туча

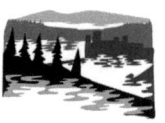

Nebel

туман

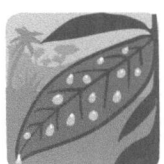

Luftfeuchtigkeit

влажность воздуха

Blitz

молния

Donner

гром

Sturm

буря

Hagel

град

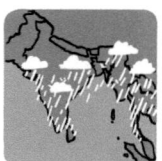

Monsun

муссон

Flut

наводнение

Eis

лёд

Januar

январь

Februar

февраль

März

март

April

апрель

Mai

май

Juni

июнь

Juli

июль

August

август

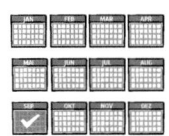

September
....
сентябрь

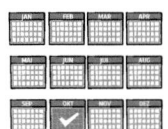

Oktober
....
октябрь

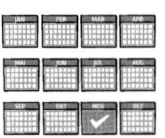

November
....
ноябрь

Dezember
....
декабрь

Formen
формы

Kreis
....
круг

Quadrat
....
квадрат

Rechteck
....
прямоугольник

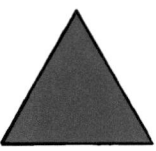

Dreieck
....
треугольник

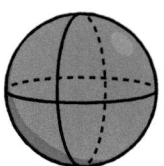

Kugel
....
шар

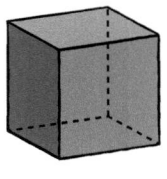

Würfel
....
куб

weiß

белый

gelb

желтый

orange

оранжевый

pink

розовый

rot

красный

lila

лиловый

blau

синий

grün

зелёный

braun

коричневый

grau

серый

schwarz

черный

viel / wenig

много / мало

wütend / friedlich

яростный / мирный

hübsch / hässlich

красивый / уродливый

Anfang / Ende

начало / конец

groß / klein

большой / маленький

hell / dunkel

светлый / темный

Bruder / Schwester

брат / сестра

sauber / schmutzig

чистый / грязный

vollständig / unvollständig

полный / неполный

Tag / Nacht

день / ночь

tot / lebendig

мёртвый / живой

breit / schmal

широкий / узкий

genießbar / ungenießbar

съедобный / несъедобный

böse / freundlich

злой / дружелюбный

aufgeregt / gelangweilt

взволнованный /
скучающий

dick / dünn

толстый / худой

zuerst / zuletzt

сначала / в конце

Freund / Feind

друг / враг

voll / leer

полный / пустой

hart / weich

твёрдый / мягкий

schwer / leicht

тяжёлый / легкий

Hunger / Durst

голод / жажда

krank / gesund

больной / здоровый

illegal / legal

незаконный / законный

intelligent / dumm

умный / глупый

links / rechts

слева / справа

nah / fern

близко / далеко

neu / gebraucht

новый / подержанный

nichts / etwas

ничто / нечто

alt / jung

старый / молодой

an / aus

включено / выключено

offen / geschlossen

открыто / закрыто

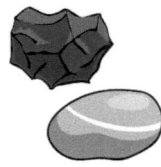

leise / laut

тихо / громко

reich / arm

богатый / бедный

richtig / falsch

правильный /
неправильный

rau / glatt

шероховатый / гладкий

traurig / glücklich

печальный / счастливый

kurz / lang

короткий / длинный

langsam / schnell

медленный / быстрый

nass / trocken

мокрый / сухой

warm / kühl

тёплый / прохладный

Krieg / Frieden

война / мир

0

null

ноль

1

eins

один

2

zwei

два

3

drei

три

4

vier

четыре

5

fünf

пять

6

sechs

шесть

7

sieben

семь

8

acht

восемь

9

neun

девять

10

zehn

десять

11

elf

одиннадцать

12

zwölf

двенадцать

13

dreizehn

тринадцать

14

vierzehn

четырнадцать

15

fünfzehn

пятнадцать

16

sechzehn

шестнадцать

17

siebzehn

семнадцать

18

achtzehn

восемнадцать

19

neunzehn

девятнадцать

20

zwanzig

двадцать

100

hundert

сто

1.000

tausend

тысяча

1.000.000

million

миллион

Englisch

английский

Amerikanisches Englisch

американский английский

Chinesisch Mandarin

мандаринский китайский

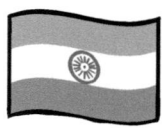

Hindi

хинди

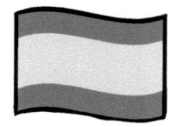

Spanisch

испанский

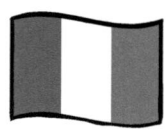

Französisch

французский

Arabisch

арабский

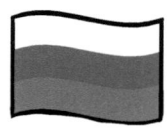

Russisch

русский

Portugiesisch

португальский

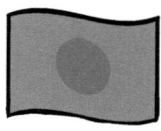

Bengalisch

бенгальский

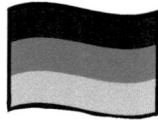

Deutsch

немецкий

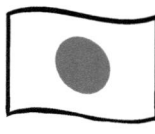

Japanisch

японский

ich
я

du
ты

er / sie / es
он / она / оно

wir
мы

ihr
вы

sie
они

wer?
кто?

was?
что?

wie?
как?

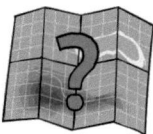

wo?
где?

wann?
когда?

Name
имя

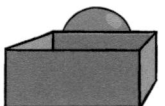

hinter

за

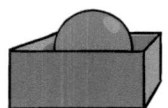

in

в

vor

перед

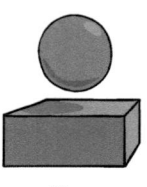

über

над

auf

на

unter

под

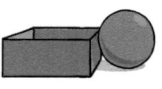

neben

рядом

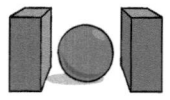

zwischen

между

Ort

место